Soon Hak Kwon

시인 권순학

바탕화면

권순학 시집

바탕화면

Poetics 시학

■ 시인의 말

티끌 모아 태산이 되는 디지털 세상,
여태까지 나는 여기서 무얼 하고 살아왔나?
앞으론 또 어떻게 살아가야 하나?
시가 언어로 만들어지는 구조와 사건의 적층積層일진대
내 시는 그 두 가지가 항시 대립하고 갈등하는
이원적 명제命題의 구조들이다.
그리고 그 켜켜이 쌓인 파편들이다.
긴긴 세월 속에 퇴적된 내 삶의 지층에서
한 방울씩 똑똑 떨어져 새롭게 솟아오른 종유석鐘乳石이다.
내 시의 바탕화면에는 무슨 볼거리가 있을까?
막상 등을 밀어 세상에 내보내려니까
많이 두렵고 주저가 된다.
하지만 내 시의 바탕화면을 통해
자신의 삶과 동질적 공감을 느낄 독자가 있다면
나는 그것만으로도 많이 즐거우리라.

2014년 2월
권순학

차 례

제2부

제3부

제4부

제1부

말의 무게

아이는
울어 말하지만
바구니는
무게로 말합니다
한 아름 되는 신생아실 바구니들
자다 깨다 합니다
끊어진 탯줄 울음으로 잇는 바구니 곁
우유병 문 바구니도 덩달아 울다가
엄마 젖 흠씬 물고 잠든 바구니 곁으로
자꾸만 기울어집니다
들려지지 않는 바구니엔
혈액형과 생시生時는 있어도
이름이 없습니다
몸무게에 입양入養을 합하면
저울 눈금 사라지기에
보호자 이름도 안 보입니다
입양, 그 말의 무게
가슴을 짓누릅니다

벽돌論

나는 몰랐다
응달에 박혀 밟히고 차이며 나뒹굴다가
네모로 찍혀 가마에 구워질 때만 해도
왜 그래야만 하는 줄 몰랐다
한여름, 아스콘 길가에 누워 기름 냄새 맡기 전에는
밟혀도 웃을 수 있다는 것을 몰랐고
발자국, 등지고 멀어지고 나서야
마주 보는 것이 사랑인 줄 알았다
까마득한 머리 위, 대못 박힌 십자가 안아 보기 전에는
사철, 벽에 붙어 있다는 것이
희생인 줄 몰랐고
달려드는 비바람 맞아 보고 나서야
서로 기대고 산다는 것이
행복인 줄 알았다
여드름 같은 모에 부딪쳐 울기도
금 가 시퍼런 날 세우기도
깨져 옆구리가 시리기도 했지만
멀쩡한 속, 더 아파하는 줄

나는 정말 몰랐다
활짝 핀 불꽃 속에
세웠던 각角 모두 내려놓고
바람 탄 학의 울음처럼 훨훨 날고 나서야
왜 그래야만 하는가 알았다

화살, 과녁論

화살은 단호하다
길도 등도 없는 막막한 허공에
직선 같은 곡선으로 곡선 같은 직선으로
일필휘지하는 그를 보라
꼬리 살랑살랑 흔들어 대며
물불 안 가리고 달려들어
가로막은 허공 뚫고 나아가는 그가
너럭바위에 제 몸 던져 엮은 빛으로
막힌 세상 뚫어 잇는
쇠 정 같지 않나
지나다 보면
뒤통수치는 천둥 번개도 있을 수 있고
앞을 막는 비바람도 있을진대
흔들흔들 부들부들 떨면서도
방향 잃지 않는 그를 보라
그 눈, 눈의 독기
소리로 풀려 명중하지 못할지라도
뒤도 돌아보지 않고 사력으로

뒷짐 지고 참선 중인 붉은 과녁 향해
앞으로만 달리는 허공 속 한 점
화살은 단호하다
점점 더 단호해지는 화살 앞에서
한 치 흐트러짐 없이
제 몸 정중앙 내주는 과녁
화살보다 더 단호하다

냄비論

지금은 침묵하고 있지만
바람 들 것 같은 몸으로
순간에도 여남은 번 끓는 냄비
그 속, 누가 알랴
연지 곤지 찍고 저리 웃는 뚜껑
누구는 호사라 하겠지만
버리는 것 죄다 모아 누더기로 기운
저 속, 그 누가 보았으랴
그 속으로
뭐는 하랴마는
날선 얼음 둬 사발에
칼바람 양념 한 줌 뿌리고
땡볕 반 단 묶어 불붙이면
펄펄 끓는 그 속
누가 밴댕이라 했는가

디지털 영토

달려온 버스 수작에
굽 높은 구두 하나 사라진다

햇살 길 유리창에
하양 노랑 분홍 초록 종이 오려
눈길 따라 손길 따라 풀칠을 한다

어느덧 유리창은
봄날의 수다장

묶인 몸이 분주한 사차선 바벨탑
푸른 눈짓 하나에
와르르 무너진다

바탕화면

하루에도
골백번 너를 찾지만
어르고 달랠수록 멀어지는 너

얼마나 굶었는지 알 수가 없어
먹긴 먹은 것 같은데
언제 먹었는지 가물가물해

눈빛 마주치면 사라지는 은총들
지금 그걸 받으면
주는 그 손길
마냥 기다려야만 하기에
그냥 이대로 이대로 있고 싶어

내겐 오직 너 하나뿐인데

이젠 네가 울어도
나도 너처럼

마우스

어둠 꿰뚫는
두 눈 질끈 감은 채
손가락 장단만으로 주먹 센 세상
당기고 밀쳐 대는
저 잡식성 괴물

홀연히 사라지는 가상假想 좇아서
네 것 내 것 가리지 않고 뒤지며
미로 찾기 즐기는
디지털 유령

그 숨
딸까닥딸까닥 거리고 있다

키보드

누굴까,
열 손자 손녀 위해
Esc 하는 광목천왕 F1 거느리고 백팔번뇌 하는

승냥이 F2부터 낙타와 몰이꾼 F12까지 세워 두고
롤러코스터 타고 ↑↓←→ 하다
문 잠그고 +고 -고 *고 /는

활엽수림 지대 ㄹ ㅊ ㅎ
침엽수림 지대 Aa Ii Kk 에
고무락대는 곤충 ! @ $ % & * 키우는

파도치는 갯벌 3 = ₩ 앞에서
널도 그네도 타며
영어로 중국어로 통역하는

저 빨래판

스캐너

줄 끊어진 연 같았기에
한 번 안아 본 적 없고
또 한 번도 안겨 본 적 없는 나
그 앞을 누군가 가로막는다

그간 그다지 잘못한 것도 잘한 것도 없건만
느닷없이 눈두덩에 콧잔등에 입술에 붙어
턱하니 숨까지 막는 그를
머리부터 발끝까지 차례로 뜯어본다

생김새나 차림새가 글깨나 읽었지만
풍류라면 사족 못 써 돈 좀 날린 것 같은데
주기만 했지 받아보지는 못했을 것 같은 사내

한 번 열린 적 없고 뜨거운 적 없는
가슴 한구석에 구멍 하나 뚫어
촛불 밝혀 놓고 훌쩍 떠난 그를 기다리는 나
한 번 안기거나 안아 보지 못한 망부석이다

컴퓨터

하는 일마다
바람 속 갈대만큼
이다 아니다로 늘 망설이는 그대

그러니 그 머리
뜨거울 수밖에 없겠고
편지마다 쪽쪽 빨아 대는 진공청소기니
전할까 말까 늘 주저하니
그 가슴 비울 수밖에 없겠다

깨면 죽을 걱정
잠들면 살 걱정으로
영생과 영면을 오락가락하는 그대여
그러니 그 명줄
놓을 수밖에 없겠다

전자우편

날개도 바람도 없고
부르지도 않는데
짙은 농무 타고
자궁 @ 밖으로 홀씨가 난다

어둠조차 마다않고
수취거부 되어도
방치되다 쓰레기통에 버려져도
표정도 말도 없고
향기도 빛깔도 다 지워져
남은 것
향해 달리는 관성뿐인 그가
달려오고 있다
내게 네게

SNS*

때로는 자비를 베풀러
또 때로는 용서를 빌러 가지만
이유 없어도 찾게 되는 고향 같은 곳
잿빛 대숲 속 갈대밭 한가운데 있다

그곳 점액질 가시 잎에 앉은 누구나
구르는 초침에 부는 바람에
잡은 햇살 놓치며 뒤뚱뒤뚱하는 것이
언제라도 꺼질 것만 같다

미리 용서를 빈다
지을 죄만큼 손가락에 장 지져
죄목 줄줄이 읊어 가며 톡톡 빈다
빌면 빌수록 일어나는 악성 거품들
지우고 터뜨리고 흘려보내며
또 빈다

---

* SNS : 소셜 네트워크 서비스Social Network Service의 약칭.

콘센트

먼저 두 팔
활짝 펼쳐 내밀었는데
달려와 끌어안지 않는 자와는
어떤 경우든 아무것도 하지 않는다

밥도 함께 먹지 않고
잠도 같이 자지 않으며
눈빛조차 마주치지 않는다

그런 자는 필경
끈 떨어지면 쳐다보지도 않을지니
내 손 잡은 자
화면 속 수천만 화소 중 하나일지라도
그와 더 맛있고 더 뜨겁게 지낸다
그것이 모두에 대한 배려이기에

다이오드* · 1

뉘신지요,
가물가물 흐느끼는 촛불에
시퍼런 칼 휘두르며 빛을 뿌리고 있는
청색 발광의 그대

뉘신가요,
스멀스멀 번져 가는 문자 몇 줄에
잉크통 엎으며 우주 천공을 날카롭게 쏘아보며
백색으로 발광하는 그대

아시나요,
극성極性이 뒤바뀌어
이승과 저승의 분간조차 어렵게 만드는
혼란한 운명의 그대

---

* 다이오드diode : 주로 한쪽 방향으로 전류가 흐르도록 제어하는 반도체 소자를 말하며, 게르마늄(Ge)이나 규소(Si)로 만들어진다. 그 특성은 정류整流, 혹은 발광發光의 현상을 나타낸다.

다이오드 · 2

그 이름
거룩히 빛나시는 당신께
딱 한 번 기도드리나니

이곳 모두가
더 이상 기도드리지 않도록 해 주소서

당신의 이름으로
드리는 기도 들으셨다면
침묵으로 부디
한 말씀 해 주소서

아니면
강림하시어
우리로 하여금 그렇게 되게 하소서

다이오드 · 3

태곳적 머리 내민 용머리섬 밖
성게 해삼 어머니 바다에 든다
춤추는 바람 두고 어린 딸 두고
갈고리 빗창* 들고 물갈퀴 끼고
숨비** 소리 건지러 바다에 든다

타는 해 건져 올린 일출봉 슬하
소라 전복 어머니 바다에 든다
용쓰는 파도 타고 바람을 타고
망사리 태왁*** 메고 물안경 쓰고
붉은 속살 건지러 바다에 든다

밟히면 살아나는 소라 아버지
숨비 소리 던지며 화산섬 돈다
허기진 페달 밟아 올레길 밟아
독 오른 땡볕 이고 백록담 이고

붉은 속살 만들며 화산섬 돈다

* 빗창 : 제주도 해녀들이 전복을 딸 때 쓰는 도구.

** 숨비 : 숨을 참고 물속으로 잠겨 들어가는 일.

*** 태왁 : 해녀가 자맥질을 할 때 가슴에 받쳐 몸을 뜨게 하는 뒤웅박.

전자레인지

강 건너 철제 밀실에서
굴러온 자 박힌 자 맞선보고 있다

누구 하나 도망갈까
뒷짐 지고 지켜보는 중매쟁이

마주 본 서로 돌고 돌려
밀고 당기며 기氣 싸움 하고 있다

불꽃도 연기도 없이
부글부글 끓는 속

중매쟁이만 횡재했다

제2부

매미

가란다고
칠 년 정성 덩그렁 매달아 두고 맨몸으로 떠난
삼복의 아우성이여

찰람찰람 넘치는 옹달샘 놓아두고
새벽이슬 찾는 걸 보니
곡하는 밤새 많이 아팠나 보다, 그 목

지푸라기라도 잡으려고 울며 매달리던 너
길바닥에 널브러진 그 모습 보니
미련 두고 세상 떠났나

대낮에도 알몸으로 애도하는 가로등 보니
떠난 너 추모하나 보다
아우성조차 비우고 떠난 아우성이여

민주지산에서

세상 어느 꽃인들
이리 활짝 필 수 있을까

꽃잎 사이사이
벌 나비 찾을 여백 끼워 가며
사시사철 필 수 있을까

말복에
까마귀나 두더지가
제 몸 깊숙이 들여다보고 있는데도
그 턱밑 달아오른 디딤돌에
목물 흘려줄 수 있을까

그래 그 물은
가야 할 곳만 찾아가나 보다

호박꽃

잎 속에서 잊혀 지내다
이슬에 젖어 홍분한 아침 꽃 한 송이
호박꽃도 꽃이란다

밤새 노오란 별만 헤아리더니
남몰래 안개구름 젖히며
가파른 언덕 위로 보란 듯 피어난다

간지러운 손끝에 몸 비틀고 돌아나는
어느 왕조의 금관인가
자궁 떠나는
꼭 쥔 아가 손인가

감꽃보다 더 환하게 피는
호박꽃도 꽃이란다

인삼

도투락댕기* 드릴 때마다 주름 또한 새기는
인삼, 너를 보면
난 괜찮다며 이고 업고 뛰는 어머니가 생각나고

속살만으로 박제된 너에게선
더벅머리 반들반들 밀며
당신 가슴까지 미는 아버지가 생각난다

구증구포 하는 너를 보면
날마다 불가마에 뛰어들어
머리까지 하얗게 익은 아버지가 생각나고

끓어 온몸 녹여내는 너에게선
실뿌리 호롱불로 누더기 기워
밥상까지 깁는 어머니가 생각난다

---

* 도투락댕기 : 어린 여자아이가 드리는 자줏빛 댕기.

저 꽃 좀 보게

봄 찾은 꽃들은 모두 졌는데
이제부터 피는 저
꽃 좀 보게

튼실한 줄기
긴 꽃대 자랑 않는 저 꽃
번개에 눈 감고 천둥에 귀 막아도
울지 않고 그저 웃는
저 꽃 좀 보게

붉게 익는 세월 따라
더 붉게 피는 저 꽃
저 꽃 좀 보게

뿌리

아래로만 향하는 것들은
천성이 자애롭다

햇살 수북한 저 위 마다하고
물 하나로 허기 채우며
막장 파고들어 바위 움켜쥔
저 뿌리를 보라

그가 여린 손끝으로 캐는 것
토실한 줄기에 벙그는 봉오리
떨어져도 미소 짓는 향뿐이지 않은가

자신 위해 한 점 남겨 두지 않고
점점 더 깊은 어둠 찾는 그의 천성
뿌리답다

덩굴

가랑비에 허우적대면서도
파랗게 태울 볕 있는지 허공 더듬는

폭염에 활활 타면서도
온몸 적실 이슬 있는지 땅을 기는

덩굴 그걸 잡으면

메트로놈 심장 안 부러워지고
수저로 퍼 올리는 것 모두
기도가 된다

망월지

바람인가 싶더니
개벽이다

찰진 어둠 주먹으로 뭉쳐
어둠보다 더 짙은 제 몸 굴려
소리마저 가라앉는 못으로 풍덩풍덩

바위인가 싶더니
바람이다

쬠쬠하며 전조등 빛 끊고 산으로 간
두꺼비 그리워, 그리워
올챙이처럼 꼬리치고 재잘대는 망월지*

* 망월지 : 대구시 수성구 욱수동에 위치한 토종 두꺼비의 산란지로 유명한 곳.

거미집

검은 장삼에 고깔 쓴 비구니 하나
외줄을 탄다
바람 어귀 허공 한 장 위에
햇살 빛어 제 집 아닌 집을 짓는다

장삼 자락 흩뿌려 그어지는 획
타령으로 다듬어 기둥 세우고
굿거리장단으로 상량을 하며
얼음 같은 합장으로 대운을 빈다

햇살 부딪힐 모퉁이, 바람 자를 구멍마다
눌러 보고 튕겨 보며 지은 그 집
푸르르 떠는 순간, 미완성인 그 집에
그녀가 살고 허공이 산다

비빔밥

언제 저렇게
내려놓을 수 있을까

해도 달도 띄운 무지개거늘
눈 감은 한 입 위해
저리 활짝 웃으며 몸 던질 수 있을까

겉도 속도 서로 다른데 어찌
한데 모인 짧은 몸짓만으로
저 깊은 맛 낼 수 있을까

무얼 어찌하면
저리 될 수 있을까

안개

한 치 앞을 막고 한 발 뒤를 가린 안개
바위 같은 제 몸속에 길을 만든다

내뱉는 말로 흐트러진 시선으로
노랗게 누운 나무 사이로
끊어졌다 이어지고 이어졌다 끊어지는
새 길 만든다

뿌리 잃은 허공들은
새 길 따라 안개 속으로 끌려만 가고
제자리 맴도는 하얀 날의 불 켠 눈빛들
소리도 몸짓도 없다

바위 같은 안개 속 길 잃은 안개
제 몸속 새 길에
안개 같은 길 만들고 있다

저울

늦겨울 보리 밟듯
저울 밟는다

어느 날은 아기 배어 올라가도
솜털만큼 가리키다가
어떤 날은 혼자가 아니라고
가족 몸무게 보여 주는 저울

그가 재는 것은 몸무게만 아니라
곰삭은 구석에서 허기진 배 움켜쥐고
톡톡 튀는 반항아로 살면서도
눈길조차 뜸한 가족 지켜보며
한숨 재고 웃음 재며
속마음까지 재고 있었던 것이다

그런 그를 흔들고
그런 그를 밟고 있다,
갈대밭 바람처럼 오월의 군화처럼

종소리

종이 운다
맞아 서는 팽이처럼
울어 간다

허공 잡은 그가
흔들어 내는 저 몸짓
텅 비운 속 터질 듯 울부짖어
겉까지 버리는 저 소리
끊어진 탯줄 찾는 아기 같다

땅도 하늘도 울리며
울음마저 비우고 돌아오는 허공

그 안에 그가 있다

알부자

새벽닭 울면
포개 쌓아 깨질까 봐 줄줄이 새끼줄로 꼬고도
예비로 장딴지에 두 개 더 차고
빈 길 다듬이질하던 쓰라린 아픔들

잦아지고 커지는 호각 소리에
이고 들고 뛰다가
흔들리고 부딪혀 깨진 수많은 꿈들

시선에 긁고 단속에 금 가
팔았던 알보다 더 많이 흘린 눈물들

품고 품어 넉넉한 중년으로 부화시킨
알부자 목요장터 공주댁

냉장고

김치로 숨 쉬고
된장으로 치장하는

흘러내리는 공과금 고지서
누더기 속옷으로 붙잡는

들이미는 손에는 냉수 건네고
파고드는 마음엔 속까지 활짝 열어 보이는

보증수리 기간 지나
고장 잦아도 꾸역꾸역 돌아가는

사랑하기에 차갑고 미워하기에 뜨거운
벙어리 냉장고

그런 돌부처 하나 더
곁에 있다

낙엽 · 1

IMF 때보다 더 뜬
모자이크 거리의 노숙자들
그들은 한때
바위였다

날개 잃은 차디찬 몸짓에
꽃 잃고 뿌리마저 상한 그들

빗자루 발길질에 자성磁性마저 잃고
새하얀 독기 뿜으며 노란 비명 지르며
롤러코스터 타고 어디론가 가고 있다

한 줌 희망 연기 속에 묻으며
또 한 줌 오기 재로 뿌리며
불꽃으로 솟는 그들의 아우성
화석 되고 있다

낙엽 · 2

나무도 세상을 본다
어릴 땐 눈으로만 보다가
철들면
눈 감고도 세상 볼 줄 안다

느닷없는 썩은 내로 머리 지끈지끈한데
눈 감으니 그래도 낫다
그래 나무도 붉으락푸르락해지면
눈을 감나 보다

가족이라는 장치, 장치, 장치 속에서
비트 하나 깨졌다
울음은 없고
팔딱거리는 참 거짓만 있다

낙엽 · 3

밟으면
배 안에 갇힌 생선들 일제히 비명 지르는

바람 불면
층층이 쌓인 파도 따라 어깨춤 추는

은빛 햇살 다가오면
절여진 삭신 수다로 푸는

한 줄기 쏟아지면
꼬리치는 멸치 쫓아 바다로 달려가는

뭍에 오른 조각배

해 질 녘 거리

누운 그림자마다 푸드덕대는 사거리
훤칠한 전봇대에 기댄
이십 리터 종량제 봉투만한 노파 하나
온몸 꼬기작거리고 있다
자신만큼이나 구겨져 꿈틀거리는 파지를
물 빠진 갯벌에 주저앉아
조개 붙잡고 가위손 놀려 대는 게처럼
온몸으로 달래고 있다
어르고 달랠수록 더 기 사는 파지
한창 때 그녀처럼 천방지축 나대지만
까치집 지은 엉덩이
피식 웃으며 어둠까지 깔고 앉고 있다
해 질 녘 거리로 창마다 뿜어내는 어둠만큼
그녀 몸짓도
노끈 속에 차곡차곡 쌓이고 있다

장맛비 속

움막 같은 양말 하나
가슴까지 흙탕물로 얼룩진 선술집
빠끔히 열린 미닫이문 사이로
세상 엿보는 어느 이른 오후

헤진 속옷 누비는 재봉틀처럼
누더기 지붕에 도돌이표 붙여 놓고
움막 속 맏이 향해 왈칵 달려드는 장맛비
동생의 동생에게 물려진
장난감 피아노 반 토막 같은 움막 안는
소리마저 무거운 저 비

피지 않은 날은 재가 되어
도돌이표 물든 붉은 목청에 소리도 없이
처마 밑 움막 떠나는
날개 하나

황홀한 추락을 위하여

지렁이는 어딜 가나
무얼 남기는 버릇이 있다

그가 지나간 길 모두
그가 쓴 유언들이다

잡초는
달궈진 네온 아래에서도 틈을 노린다

그래 꽃이 되지 못할 싹은
잎이 되는 것이다

출항제

허기진 바람에 보쌈당한 장터 한구석
펭귄 몇, 네발 플라스틱 몸종에 의지한 채
게걸음 치는 오후를 오물오물하고 있다
부러진 햇살 모아 쑥쑥 자라는 그림자 솎아
굶주린 드럼통에 던지고 있다
보란 듯 장작 매질로
코뚜레 헐거운 소 떼 몰 듯 불꽃 더미 몰고 있다
비린내 나는 은빛 훈장, 폴짝대는 삼겹살로
몰릴수록 날름거리는 혓바닥 달래고 있다
흘린 눈물 연기에 묻으며
이끼 낀 얼굴 불꽃으로 구우며
비린내 나는 상처 바람에 날리며
칭얼대는 석쇠 안아 달래고 있다
두툼한 그림자로 부대낄 그날 기다리며
정화수 떠놓고 출항제 지내고 있다

젓가락

살이란 살
한 점 남김없이 바르고
피라는 피
한 방울 남기지 않고 말린
꼿꼿한 젓가락 두 짝

알몸으로 마주만 보다가

둘 사이 거리
늘렸다 줄였다 한다

분단된 남북 갈라진 동서로

이제는 알 것 같다

이제는 알 것 같다,
밤이 까만 이유를
첫새벽부터 달궈진 낮
저녁엔 빨간 알몸 되었으니
알몸 품은 밤, 그 몸
가려 줄 수밖에 없을 것이리라

젖은 빨래는 왜 그렇게
주리를 틀어야만 하는지도
이제는 알 것 같다
활활 타기 전에는
그 속 보이지 않는 장작처럼
여간하지 않으면 끌어안은 것들
냉큼, 시원스레 내놓지 않기 때문이리라

태풍의 눈이 왜 그리 이국적인지
이제는 알 것 같다
주변만 빙빙 돌며

그 많은 한숨과 눈물 쏟아 냈으니
풀어도 꼬인 다슬기 속살처럼
푸를 수밖에 없을 것이리라

던진 말 한마디에
갈대, 왜 그리 수군수군하는지
내쉰 한숨 한 자락에
버드나무, 왜 저리 진저리 치는지
그냥 있는데도
안개, 왜 이리 미친 듯 덮치는지
알 것 같다
갈 날 헤아리는 이제는

제3부

자화상

네온사인 흥얼대는
참을성 없는 사거리
소프라노 바리톤 베이스 전선 아래
깜빡깜빡 조는 경비원 곁
카페 살냄새와 수다에 취해
막차 기다리는
정류장 하나
보름달 노니는 호수를 본다
때 끼고 일그러진 쟁반이 있다
잃은 빛만큼 소리마저 잃은 쟁반을 본다
검붉게 치장한 바가지 있다
울림 없는 그 속을 본다
향기 없는 여자가 거기 있다
유리알 같은 그녀를 본다
깨진 거울만 있다
그 거울로 하늘 보고 땅 보고
또 하늘을 본다

달인

비탈진 허리는 균형 잡기 달인이다
험한 곳일수록 궂은 날일수록
그의 묘기 빛을 더한다

사시사철 산비탈 오르내리며 단 한 번도
구르지도 미끄러지지도 않으려고
오뚝이보다 더 부지런 떤 그의 내력
허리 굽혀 보지 않은 자는 알 리 없다

해를 등진 비탈 아래
담벼락에 널린 햇살 발라 온기 나누는
주름마다 그렁그렁 찬 내력 쿨럭쿨럭 뱉는
비탈진 허리마다 분주하다

흘러내리는 그림자 비탈에 널어 두고
분주한 허리 쫓아 고물고물하는 황혼
그도 균형 잡기 달인이다

앉은뱅이 식탁

비린내 코끝 간질이며
집 나간 신발 하나둘 불러들이는 국민주택
거실 한복판에 엎드린 고인돌 하나

IMF 때 강남에서 집 잃고 네 발 잃어
이름까지 잃은 앉은뱅이 식탁

리모컨 신문 장난감보다
포크 나이프가 더 어울릴 것 같고
귓구멍 파고드는 로큰롤보다
귓바퀴 맴도는 클래식을 편식할 것 같은 그가

말도 잊었는지 잠꼬대도 없이
울다 웃으며 잠든 국민주택 지키고 있다

나의 이발사史

구멍마다 길목마다 쥐약 놓기 전
곧은 등 내민 사과 상자 오르면
아버지의 손은 쥐구멍 막듯
논 고르듯 까까머리 고르면서도
처지는 고개 자꾸만 세우셨습니다

성난 두발 검사 섬돌 오르면
형은 아버지의 써레 들고
사돈집 벌초하듯 고갯마루 잡초 뽑으며
호롱불이 춤출 때마다
아버지가 세워 둔 목에 풀을 먹였습니다

억새꽃 하얗게 오른 이젠
시력만큼 무디고 관절만큼 녹슨 가위로
여물 썰 듯 삐지는 아내를 위해
잘 익은 해바라기 됩니다

내 나이는

내 나이는
내게 달린 추다
걸음마다 비틀거리는 나
햇살이나 그림자처럼 더나 덜 나가면
얼른 기우뚱 제 몸 던져
제자리 잡아 주는 추다

새가 하늘 높이 날 수 있는 것은
박차고 밀치는 날갯짓 때문이 아니라
비우고 또 비우려는 그의 추 때문이리라

언제부턴가 내게 돋은 날개는
푸드덕거릴 뿐

아무 때나 새가 되지 않도록
제 속 구석구석 비우고 다지는 내 추
버거워지는 날
나 그때 돌아가리라

생각하는 하루

콧구멍만 해도 다는 갈 수 없는 밭에
접시 물만 하지만 모두 빠져도 넘치지 않는 못에
내가 살고 가족이 산다

틈만 나면 멀쩡한 밭 갈아엎고
잔잔한 못에 돌 던지는 그들

할퀴고 맞아 아프기도 하지만
잊을 만하면 하나둘 밀려오는 물결
더 아프게 한다

이어지는 정적 속에서
밭과 못에 만든 이랑, 던진 돌들을 생각한다
그렇게 한 나를 생각한다

수저 한 벌

부실한 다리에 콧잔등 성할 날 없고
들 때마다 늘 기울던 밥상에
수저 한 벌 보이지 않는다

첫닭 울면
고구마 동치미에 날개 달아 놓고
판자문 소리 없이 열어 하루 열던 그 수저

똘망똘망한 별들, 달이 되고 해가 되도록
허겁지겁 시선 가득한 밥상
온몸으로 떠받치며 녹슬어 갔다

그런 그 수저 이제는
밥상 받치지도 오르지도 못한 채
그저 바라만 보고 있다, 가지런히 누워

아가야

울지 마라 아가야

마른 코딱지 핥아 뗀 입으로
오징어 잘잘 씹어 내밀면
통통한 부리로 물어 가던 아가야

그러다가 어느새 대쪽 아비 새우 될까
촉촉한 새우초밥 마다하고
계란말이에만 손이 가던 아가야

한때는 맹수 또 한때는 돌 같았지만
바람에 우는 고목되어 황홀한 폐허 위에 서니
울타리에 매란국죽 피어 있고
꽃 날개 돋은 네가 있구나 아가야

땅 위에 네가 있고
하늘 아래 내가 있으니
날개 활짝 펴고 훨훨 날아라 아가야

일기

발자국에 갇힌 순간들
톡톡 소리에 고개를 든다
묻혀 있던 왕관과 사라졌던 길이 드러난다
지렁이가 발굴한 유물
그가 남긴 기록이다

언제부턴가 내게도
흔적 남기는 습관이 생겼다
스친 가시가 각인하고
달라붙은 먼지가 지운 하루를
자음과 모음으로 조립하는 것이다

이는 습관 때문만은 아니리라
발굴 작업의 종결
돋은 가시에 대한 순종
찔린 상처에 대한 맹세이리라
말랑말랑한 오늘에 대한 예이리라

세월 꽃

몸에 바람길 햇볕 무덤 만든
흰 수염 옥수수를 보며
여름 흔적 빼곡한 해바라기씨를 뽑듯
벽의 사마귀 된 못 하나둘 뽑습니다

알알이 울창이 녹슬어 가는 못
땀으로 흔들어 뽑고
기역 자로 굽어 가는 못
눈물로 감싸 뽑고는
흔적 둥글게 둥글게 문지릅니다
해바라기씨가 머물던 구멍에서
푸른 봄이 솟는 것처럼
뽑힌 못 끝이 파란 쇠 냄새 뿜을 것 같지만
그곳에는 아물지 않은 흉터만 있습니다

뽑고 또 뽑아도 시원스런 속 보이지 않고
부러진 못 조각만 늘어납니다
못은 구멍 되고 구멍은 못이 된 이젠

부러진 못 껴안은 구멍마다
꽃을 피웁니다
그저 빨갛게 웃는 세월 꽃

산다는 것은 · 1

진물 나는 강, 그 어귀
종횡무진 하는 전조등에 술렁대는 갈대숲
엉켜 떨고 있는 것 같지만
한발 더 다가가 들어 보라, 저 소리

몸이랄 것 없는 몸 기댄 갈대는
흔들리는 것이 아니라
제 스스로 흔들고 있는 것이다

흔들고 흔들어 제 뿌리까지 흔들어
비워 둔 속마다 차곡차곡 쟁여 놓은 것들
하나하나 풀어내고 있는 것이다

그렇다, 산다는 것은 저렇게
흔들리기보다는 흔드는 것에게조차
제 뿌리를 흔들어 줄 수 있는 것이리라

행복

지난 수십 년
당신과 같이 지내며 쌓아 모은 웃음이
언젠가 맺힌 눈물방울보다 적을지라도
당신이 지금 웃고 있기에
나는 행복합니다
북적이는 도시에서 반평생을
철새처럼 산 날들 중에
고독했던 날이 전부라 할지라도
지금은 당신이 내 안에 있기에
나는 행복합니다
해마다 타는 가슴으로
숯 반지 스물 넘게 만들 수 있을지라도
오늘은
한평생 사랑 담아 줄 당신 있기에
나는 행복합니다

여드름

주말 오후 막내와 둘이
파 파 외치고 불은 때를 밀다가
빨갛게 밀어도 지워지지 않는
떡판 같은 등의 새김을 보았다

사화산 휴화산 활화산이 만든
은하수 별똥별과 북극성이 공존하는
블랙홀을 막 빠져나오는
풍선처럼 부풀며 어딘가 향해 가는
소우주가 있었다

이제껏 한 번 본 적 없는 내 등

돌아가시기 전 수없이 그 등을 보셨을 텐데
지금처럼 별말씀이 없으셨던 아버지
나는 지금 잘 따라가고
있는 것일까

봄은 전쟁 중

생화학 무장하고 북진 중인 봄
발길 닿는 곳마다 터지는 포화와 연기
퇴각하는 잔당들의 유해는
사진 속에 쌓여만 가고
수복된 지역마다 피는
해방의 몸짓들

전쟁 통에 복숭아밭 든 바람 한 덩이
분홍빛 암술 수술 서리를 한다
저 바람 가면 오는 봉오리마다
금메달 주렁주렁 매달리리라

숨은 꽃 찾는 햇살 한 다발
산비탈 배밭마다 염문 뿌린다
저 햇살 가고 난 후 봉오리마다
은메달 주렁주렁 매달리리라

한여름 밤 물가에서

막차, 예정보다 늦게 왔지만
꾸벅대는 창문 꼭 닫은 채
지나친 정류장 몫, 먼지 앉은 자리 싣고
등 뒤로 우우웅 지나간다

하얀 어둠속으로 숨어 버린 소리 좇는
빨갛게 핀 졸음 꽃
저만큼 앞질러
껌뻑껌뻑 핀잔주며 잡았던 막차 놓아주지만
뒤통수 긁으며 흘깃흘깃 곁눈질로
쉰 소리 그렁그렁 내뱉는 막차

안절부절못하는 여린 형광등
굳게 닫힌 막차 마음 설핏 열어 내게 뿌린
한 줌 빛, 명주실처럼 늘이며 멀어져 간다
한여름 밤 물가에서

나는 몰랐습니다

굼벵이가 삼복에 왜 우는지
나는 몰랐습니다

눈요기만 하는 아이들의 아니요도
뿌리치는 아내의 아뇨도
돌아서는 부모님의 아니다까지
나는 몰랐습니다
살다 보면 그럴 수도 있지 하며 외면한 것은
아니요도 아뇨도 아니다도 아니고
아니요라는 아이들과
아뇨라는 아내와
아니다라는 어버이였음을
나는 정녕 몰랐습니다

그들이 가시나무에 피운 것
꽃인 줄 몰랐고
가시나무에 꽃 피운 그들을
나는 진정 몰랐습니다

옷은 매일

옷은 매일
몸을 갈아입는다

겉은 칫솔질 비누질로 속은 알코올로 닦아
의자나 바닥에 걸치거나 펼쳐 놓고
이불로 다림질까지 하는 몸

입으면 입을수록 주름지고 해지고
하얀 실밥까지 삐져나와
수선한 흔적으로 누더기 되어 가는 단벌

그래도 옷은 매일
그 몸으로 갈아입는다

양말 선언문

나는 자유다

죄라면 등짐 나르는 주제에
충복 하나 둔 것뿐인데
툭하면 짓밟히고 내동댕이쳐지고
물고문에 주리 틀린 것도 모자라
독방 수감되지 않는가
게다가 어디 다치기라도 하면
손길은 물론 눈길조차
위로는 고사하고 바늘 핀잔만 주지 않던가

이제 속박되지도 하지도 않는 내게
오라, 누구든

방석

누구든 나를 시험하라

단, 한 번도 짓밟히고 억눌리거나
휙 휙 내동댕이쳐진 적 없다면
아서라

게다가 한 순간도
썩은 내에 코 박아 보지 않았거나
꽃무늬에 유혹당해 보지 않았어도
아서라

더구나 단 한 번 한 순간도
제 위에 남 올려 보지 않았거든
제발 아서라

산다는 것은 · 2

한 점으로 우뚝 섰던 정오
그는 떠났다
커서 더 휑한 그의 자리
경련 일으키며 기울고 있다

오늘도 햇살 한 줌 얻으려고
그늘 한 짐 짊어진 산등성이 고목 하나
흩어진 햇살 조각 좇아 뼛속까지 비틀면서
방글거리는 이파릴 향해 활짝 웃고 있다

그렇다, 산다는 것은 저렇게
그 어딘가 피어 있을 꽃을 위해
어둡고 얼룩진 세상
튕겨 보고 늘여 보며 굽혀 보기도 하는 것
끝내 자신을 던져
얽히고설킨 매듭 하나하나 풀어 가는 것
오늘은 어제까지
내일은 오늘까지 못 푼 것들을
그저 묵묵히 풀면서 이어 가는 것

병중 일기

병실 아침은 시퍼런 햇살이 아니라 단 한 번의 기침으로 끌려왔다 밤새 침대 사이로 흘러내린 신음들은 껌뻑껌뻑 기지개 켠 형광등에 묻혔고 그렁대며 웅크렸던 고장 난 인형들도 쓰고 단 말을 뱉으며 구겨진 밤을 하나하나 개고 있다

솟대에 매달린 명줄로 목숨이 방울방울 떨어진다 자다 깨다 하는 텔레비전, 그 리모컨이 점령한 병실, 뫼비우스 띠 따라 표류하고 있다

향기 없는 커튼 너머로 어둠이 역류한다 마주 앉았던 식판도 약봉지도 수다도 떠난 지 오래다 병실에 고인 곰국 같은 하루 농축된 아픔 섞어 누런 졸음으로 우러나면 소독약에 취한 입원 첫날 툭하니 떨어진다

안부

무소식이 희소식이라지만 혹시나 해서 먹지 한 장 전합니다 밤새 쌓인 어둠에 눌린 다섯 식구는 색색 종이 인형처럼 일어나 어제보다 더 부은 고지서 시간표 거울을 보고 어항 속 붕어에게 집을 맡긴 채 새벽안개처럼 흩어집니다 낮엔 펄펄 날고 날릴지라도 차분해 무거운 밤이 되면 꼬기작꼬기작하지만 붉게 핀 먹지로 맡겼던 집 다시 찾습니다 커져 가는 붕어들 뻐끔 입질에 집은 점점 작아만 가고 밤은 더욱 더 까매집니다 소식도 그러하네요 역시나 무소식이 희소식이겠네요

호기심

떠돌다
산허리 감싸 안고 숨 고르는 구름 하나

팔랑거리는 나뭇잎 숨소리에
덩달아 거친 숨 몰아쉬니

풀어 날린 풀벌레 울음 끊어지고
남은 건 또다시 저 혼자뿐

내 집

독거노인
임 여사 소장 진경산수화 속
햇살 분주한 황혼 녘
마당 한구석 더 분주하다

수도승 목물시키는 두레박이 오늘따라 분주하고
추어탕 끓여 대는 구공탄도 분주하다

모깃불 자욱한 들마루 아래
연기 쫓는 누렁이가 분주하고
익모초 주리 트는 절구가 분주하다

더 영리한 내 집
오늘따라 더 분주하니
서로 고요하다

생활의 발견

구획 정리된 현관에 방범등 켜지면 입 벌린 신발장, 물구나무 선 우산, 짝 잃은 신발과 집 나간 신발들이 하루 생활을 보고한다 굽이 낮은 구두는 몸을 낮추며 평생 걸었던 삶의 모습으로 거울 앞 모퉁이 지키다 반짝 웃으며 반기지만 샌들 한 짝은 하루 생활이 무척 고단했는지 포개져 자고 있다 끈 없는 운동화는 때때로 반짝반짝 경기驚氣를 하며 못다 한 일 있었는지 문밖 향하고 있고 고등학생 딸아이 신발은 무슨 공부가 그리도 많은지 자율학습에 심야학습 짊어지고 아직도 걷고 있다 그런데 뾰족구두 한 켤레가 보이지 않는다 타향살이에 아비 어미 동생들 잊었는지 커 가는 동생들에 제자리 내주려는지 야심한데도 돌아오지 않는다 주름진 검정 구두 하나, 돌아올 뾰족구두 위해 가운데 비워 두고 한쪽 구석에 웅크려 잠들고 있다

습관

살아 있는 누구에게나 그 무엇에게나
쉬 지워지지 않는 습관이 있다

저 활을 보라
한 치도 물러서지 않는 심성 가진 그도
적중 위해 접은 허리
이젠 곧게 펼 수 없지 않은가

용수철은 어떠한가
압슬*이나 주리에도 비명 한 번 안 지르다
이내 똑바로 우뚝 서는 그의 내면
연마된 습관 아니겠는가

치장하고 난 체하는 저 강
회오리치다 꼬리 내리고 버럭대다 울며 잠드는
그의 습관 그 행방이 묘연하다

---

* 압슬 : 조선 시대에 죄인을 자백시키기 위하여 행하던 고문.

불을 지핀다

아궁이에 불 지핀다

마른 콩깍지 같은 신문 머리채 휘어잡고
천방지축 양몰이 시작한다

동그랗게 펴질 법문에
침묵으로 참선하는 나이테에 불을 지피고

활활 질러 댈 아우성에
굳게 다문 송진에 불 지피며

뜨거운 사랑 내뿜으려
그토록 인내하는 이빨 자국에도 불을 지핀다

훌훌 털고 훨훨 날 날개에 불 지피며
말라 버린 영혼에도 불을 지핀다

제4부

갈라진 것 수선하다 · 1

세일 기간도 선착순도 아닌데
바다 한가운데 작은 섬 향해 줄 선 개미들
곧 바다에 묻힐 갈라진 틈 노리는 파도
온몸으로 막고 있다
아물지 않는 상처, 더 큰 아픔 된 흉터
해태가 바라보는 굽은 길 따라
바닷속 깊이 묻고 있다
그들 모두 떠나 바다가 하나 되면
아물지 않는 지난 상처들
바다를 뜨는 태양처럼
바람에 못 이긴 척 툭 떨어지리라
더 큰 아픔 되는 지난 흉터들
모래에 새긴 무늬처럼
파도에 못 이긴 척 슬며시 지워지리라
떨어진 상처도 지워진 흉터도
바다 한가운데 줄 선 개미들처럼
갈라진 것 수선하리라

갈라진 것 수선하다 · 2

자 대고 칼질한 동네 한 모퉁이
희망근로가 줍고 쓸고 간 공원
늑골 부러진 줄무늬 벤치에
바퀴 몇 누워 있다

지나는 바람에 신음 흘리면서도
느슨해진 바퀴살 중심 움켜쥔 자전거 하나
기름칠만 하면 금세라도 뒤뚱뒤뚱 걷다가
이내 어디든 달려갈 것 같은 그가
그간 살면서 넘어지고 부딪쳐
긁히고 떨어져 나간 붉은 흉터를 보며
한때 함께 달린 그의 녹슨 페달
허공 놓은 핸들 허기진 바퀴 부챗살 거울과
언제 어디를 어떻게 달렸는지 되짚고 있다

몇날 며칠 굶었는지 독 오른 복어 같은,
건들기만 하면 금세라도 쏘아붙일 것만 같은
끈 떨어진 가방, 머리 맞대고 누워

헝클어진 잠꼬대 바퀴살에 감고 있다

엉거주춤하는 페달 방향 잃은 핸들
대신 밟아 주고 돌려 주며 한나절 동고동락한 석양
한 줌 어둠으로 한 줌 침묵으로
갈라진 것 수선하고 있다, 길모퉁이 공원에서

갈라진 것 수선하다 · 3

도시에 빗장이 걸렸다

설 쇠러 간밤부터 달려온 폭설
산중턱 내려오는 고압선 발을 묶었다

타이어는 발만 동동 구르고
능구렁이 휴대전화 전파마저
고드름처럼 뚝뚝 부러지고 있다

까치 울어도 피가 돌지 않는 임대아파트
머리엔 하얀 뿔이 돋고
벽마다 잿빛 힘줄이 섰다

베란다 타고 넘던 그렁그렁
그 소리마저 부러져
오늘은 태엽 삭힌 바늘만이
마주 보는 창과 창을 서로 잇고 있다

기도

영정도 상여도 비석도 없이
씨앗 하나 장례 치렀다

얼마 후
그가 저승 세간 가지고
이승으로 돌아왔다

하룻밤 만에 장성 만 리만 쌓으랴

스친 것 삼성현三聖賢 시장거리 삼신할미뿐인데
마늘 선짓국 한 그릇으로
백일기도 딱 하룻밤 만에
검둥이를 낳았다

검은 비닐봉지

검은 비닐봉지 하나
언제 왜 따라 붙었는지
털레털레 따라오고 있다

어디로 가는지도 모르는 그가
불룩한 배 까맣게 여민 채
허벅지 비벼 대며 따라온다

목걸이에 방울까지 달았으면서도
두리번두리번 거리는 애완견처럼
앙알앙알 짖지도
촐랑촐랑 까불지도
찔끔찔끔 흔적 남기지도 않는 그가
순간순간 전하는 온기

에워싼 눈알에
간 허파 내장 내준 그의 몸
싸늘하다

총각김치가 맛있는 이유

선머슴 총각무가 혼례 당일
덥수룩한 머리 억센 수염 깎고 목욕재계하니
그 마음, 푸른 하늘 나는 구름 일세

행여나 부정 탈까 소금 치고 기다리다
사모관대 쓰고 차고 초례청 들어
연지곤지 찍은 신부 맞이하여
어둠만이 엿보는 흙방 드는데

꼭 껴안은 총각무
눈썹달 눈 감은 사이
매콤짭짤하지만 새콤달콤한 세상맛
축 처지도록 들었네

황사 경보

성형수술이 날개를 달았다 누런 하늘도 했고 노란 봄도 했을 것이다 똑똑 부러지던 시계는 경련을 일으키며 아날로그로 성전환 했다 디지털 발은 새벽에야 귀가해 아날로그 아침을 드러눕혔다 누런 해를 베어 문 나무, 노란 위액을 토하며 선홍의 핏방울을 떨어뜨린다 진폐증 환자 굴뚝이 증기기관차가 된다 북미 들소가 호두과자 기계처럼 부도수표 찍으면 한반도 외양간은 파리가 점령한다 나비가 전파를 타고 날아다닌다 동서 퓨전 요리 즐겨 먹는 텔레비전을 전파가 점거하여 농성하고 있다 목소리가 없다 모래가 파도 삼키듯 귀는 목소리를 삼킨다 하늘도 눈을 뜨지 못한다 흔들면 흔들수록 엉겨 붙는 밤은 신용을 잃었다 남녀 구별 없는 화장실이 만원이다 휴대전화 액정 닦듯 손가락으로 눈알 문지른다 하루가 살얼음처럼 깨진다 면역체계 발동된 경보기 여전히 울리지 않고 있다

억울한 것들

종량제 봉투 안에서 싸움이 벌어졌다
너도 나도 억울하다며 하소연한 것이
결국 몸싸움으로 번졌다
구린 바람이 진상 조사에 나섰다
발단은 라면 봉지였다
그가 몸을 부스럭거리며 한 탄식이
거만한 생선 가시를 밀쳤고
밀린 가시는 종량제에 구멍을 냈다
냄새는 억울하다며 구멍을 비집었고
당한 구멍은 쥐를 불렀다
쥐는 고양이를 고양이는 개를
개는 이빨 자국을 불렀지만 끝이 아니었다
봉지도 가시도 사라진 바닥에
아물진 않은 상처
진짜 억울하다며 입 벌려 호소하고 있다

깡통

순간, 울부짖음은
일그러진 몸 끌어안고 연못으로 뛰어들었다

침묵으로 수행 중인 푸른 연들
일제히 횃불 들고 봉기하고 있다

S라인도 몸짱도 아니라
뭉치면 살고 흩어지면 죽을 가련한 운명들

피할 수 있을까
밀실 속 전기고문과 압슬형壓膝刑

못했다면
견딜 수는 있을까

선풍기

플레밍*은 알았을까

짝 벌어진 여름 쇠창살에 갇혀
꼬리 맞대 삼등분한 대열로 탈출구 찾는
다람쥐 셋, 용써도 애원해도
서로 갈 길 다르다는 것

거미줄에 걸린 날개같이
우리에 갇힌 이빨같이
그들이 내뿜는 숨 속엔
등골 오싹하게 하는 냉기,
다듬잇방망이의 지칠 줄 모르는 분노,
풀리지 않는 한이 있다는 것

마주할 수 없어
끓는 속 스위치를 끈다

---

* 플레밍(Sir John Ambrose Fleming,1849~1945) : 영국의 전기공학자이자 물리학자로 자기장 속 전류와 힘의 방향에 관한 법칙을 설명하는 플레밍의 법칙을 고안했고, 2극진공관을 발명하였다.

쓰레기통

무르익은 네 아픔 나눠 질 수 있도록
영근 속 긁어내고 휑하니 비우는

꼭꼭 싸맨 네 슬픔 터지지 않게
나를 던져 너를 감싸는

나는 쓰레기통 너는 쓰레기

못다 핀 꽃 있다면 활짝 피도록
물구나무까지 서서 너를 보내는

나를 찾는 너 다시 볼 수 있게
생살 벗겨 새살 돋우는

나는 쓰레기통 너는 쓰레기

쌓이면

쌓이면 재도 불을 낸다

속마저 하얗게 비운 안개도
쌓이면 바위처럼 앞을 가로막듯
저 밑, 바닥의 껌들도
밟히고 뜯기면 속까지 뒤집어 화산이 되고
저 위, 초원의 양들도
몰리고 물리면 천둥 번개가 된다

쌓인 적막에
그저 너만 아니면 하며 달아나다
풀리는 독경에
그래도 하며 돌아오는 산사 종소릴 보면
나가는 아이도
돌아오는 어른도 보인다

바람이 저지른 일

부글거리며 미역국 맛보는
바람이 수상하다
날름거리며 간부터 보는 것이나
뭐든지 밀치고 소리부터 질러
그 본성 누구네 냄비 같은 그가
종종거리며 골목 빠져나간다 싶더니
돌아 내게 안겼다
회오리치는 내 마음의 숲속
쏟아지는 말들이 범람하고
그렁그렁 맴돌던 별들은
검은 우물에 빠졌다
철문은 닫혔고
침묵은 조선간장처럼 짙어만 간다
검어 깊은 미역국
그 맛이 아무래도 수상하다

때문이다 · 1

활짝 핀 저녁노을이나
춤추는 꽃잎을 보면
추락하면서도 울지 않는 것들은
뒤에 뭔가 있기 때문이다

나비넥타이 맨 봉투나
배불뚝이 사과 궤짝처럼
꽁꽁 묶이면서도 웃는 것들 또한
그 속에 뭔가 있기 때문이고

밟혀도 꿈틀대지 않는 것들은
속이 가득 찼거나 텅 빈 것들이다
그도 그럴 것이 그 어느 것 하나
아쉬울 것 없기 때문이다

때문이다 · 2

마주 보는 별들이
등진 별들보다 더 초롱초롱한 것은
대낮부터 들이닥친 태풍에 한껏 쏟았기 때문이고
고개 숙인 아침 해
까치밥보다 더 핏발 선 것은
밤새 이불 속에서 펑펑 울었기 때문이다

서산에 흐르는 노을
소프라노 색소폰보다 더 달콤한 것은
별 좋은 허공에
떫은 몸 온종일 널었기 때문이며
올망졸망 꼬마 별들이
어제보다 더 글썽이는 것은
쓸린 골마다 까맣게 아물었기 때문이리라

작품 해설

전자시대에서의 언어 현상과 시인의 역할

— 권순학의 첫 시집 『바탕화면』을 읽고 —

이 동 순[1]

1.

우리는 지금 전자시대電子時代를 살고 있다. 그것은 우리의 선택의지가 아니라 강제된 변화에 따른 결과다. 전자(electron, 電子)란 무엇인가? 간략한 사전적 풀이에 따르면 전자란

1) 시인. 문학평론가. 〈동아일보〉 신춘문예 시 당선(1973), 〈동아일보〉 신춘문예 문학평론 당선(1989). 저서로 시집 『개밥풀』 『물의 노래』 『발견의 기쁨』 『묵호』 등 14권과 민족서사시 『홍범도』(전 5부작 10권), 문학평론집 『민족시의 정신사』 『잃어버린 문학사의 복원과 현장』 『달고 맛있는 비평』 등 다수가 있음. 분단 이후 최초로 백석의 시 작품을 정리하여 『백석시전집』(창비)을 발간하고 문학사에 복원시킴. 신동엽창작기금, 김삿갓문학상, 시와시학상, 정지용문학상 등을 받음.

물질을 구성하는 음의 전하를 띤 안정된 기본입자다. 사실 이 말이 익숙하지 않은 비전문가에겐 쉽게 다가오지 않는다. 하지만 우리 삶의 주변에는 전자의 기능이 활용되지 않는 곳이 거의 드물다. 인쇄술, 입자가속기, 반도체, 이그나이트론, 전자관(電子管, 진공관) 등에서 전자는 기본적·필수적으로 응용되는데, 이러한 물품들이 우리 주변의 생활용품 속에 얼마나 많이 널려 있는지 모른다. 세탁기, 냉장고, TV, DVD, 캠코더, 라디오, 녹음기, 내비게이션, 전자악기, 복사기, 프린터, 팩스, 리모컨, 스마트폰, MP3, PDA, PMP 등 각종 전자제품들이 이에 해당한다. 이것들은 현재 우리 주변을 가득 채우고 있다. 그에 대하여 우리가 다만 지각하지 않을 뿐이다. 세상은 이렇게 급속도로 변했다. 전자시대의 예술적 가치도 전통시대의 그것에 비해 판이하게 달라졌다. 심지어 전통과 현대의 차이 및 구분을 전자시대의 제반 현상과 관련지어 해석하는 관점까지 생겨났다.

지난 1970년대 초반. 미국 전신전화회사(AT&T)의 벨연구소가 개발한 프로그램 언어가 제출되었는데, 우리는 그것을 'C언어(C language)' 라고 부른다. 이것은 원래 컴퓨터 운영체제(OS, operating system)인 유닉스(UNIX)를 만들기 위해 개발한 것인데, 벨연구소가 개발한 'B언어' 가 모체였기 때문에 'C언어' 라고 명명되었다. 이식성移植性이 높고, 또 다른 기종에서도 사용하기 쉬우며, 복잡한 데이터 모임을 간결하게 기술할 수 있어 사용이 편리한 장점을 지녔었다.

그런데 오늘날 한국에서의 언어현상 가운데서 'C언어' , 즉 전자언어라 일컫는 어휘와 문장들이 청소년 세대를 중심으로 무섭게 확장되고 있다. 그들이 향유하는 전자언어는 대개 긴 문장이나 단어의 축약형에 불과하다. 길고 복잡한 느낌을 짧고 간결한 음절로 주저 없이 거칠게 축약시켜 그들만의 언어 소통 도구로 사용한다. 주로 핸드폰, 스마트폰 따위로 주고받는 문자와 인스턴트 메신저에서 이러한 전자언어는 급속히 확장되고 발전해 간다. 몇 사례를 들어보면 다음과 같다.

'듣보잡' 은 '듣지도 보지도 못한 잡것' 이란 말이다. '지못미' 는 '지금 주지 못해 미안해' , '흠좀무' 는 '흠, 그게 사실이라면 좀 무서운걸' , '넘사벽' 은 '넘을 수 없는 사차원의 벽' , '이뭐병' 은 '이거 뭐 병도 아니고' , '정줄놓' 은 '정신줄을 놓다' , '솔까말' 은 '솔직히 까놓고 말해서' , '즐겜' 은 '즐겁게 게임하세요' , '방가' 는 '반가워요' , '마니' , 또는 '10002' 는 '많이' 란 부사어의 변형이다. 이러한 사례들은 대개 길고 복잡한 문장을 무작위로 축약한 것이다. 과거 농경시대에는 상상조차 할 수 없던 신조어新造語들이 지금도 우후죽순처럼 생겨나고 있다.

2.

인터넷의 발달은 의사소통 공간을 과거보다 한층 확장시키고 '누리꾼' 이라는 새로운 문화 세력을 등장시켰다. 누리꾼들에 의해서 이루어지는 소통 도구들은 인터넷 초기의 여러

형태들에서 최근에는 SNS의 단계에까지 이르렀다. 그것의 순기능은 신속한 정보 교환이 이루어지고, 대화 방식을 집약적으로 이끌어 가는 것이다. 다양한 여론을 형성함으로써 이른바 전자민주주의 발전에도 큰 위력을 발휘한다. 그러나 역기능 또한 만만치 않아서 언어 파괴의 정도가 매우 심각한 상태에 다다라 있다. 정치적 여론을 조장하는 댓글 알바가 선거 과정에서 위력적 작용력을 발휘하기도 한다. 뿐만 아니라 익명성을 담보로 하는 사이버 테러는 한 인간의 삶을 파멸로 휘몰아 넣는 결과를 빚어내기도 한다. 이를 막아 보기 위해 네티즌 예절 교육, 인터넷 부분 실명제, 정부의 규제 강화 따위가 해법으로 제시되기도 하지만 궁극적 방안이 되지 못하고 있다.

SNS란 소셜네트워크서비스Social Network Service를 줄인 말로 최근 가장 흔히 쓰이고 있는 트위터, 페이스북, 요즘, 미투데이 같은 서비스를 말한다. 이것은 기존의 인맥을 더욱 튼튼히 강화시켜 새로운 인맥을 만들 수 있게 하는 서비스다. 인터넷 카페나 클럽 따위가 커뮤니티 중심이라면, SNS는 지극히 개인 중심이라 할 수 있다. 사람들을 일정한 유형으로 분류하는 서비스, 친구들과 연락을 주고받을 수 있는 수단을 제공하는 서비스, 사용자들의 신뢰 관계를 기반으로 무언가를 추천하는 시스템을 갖춘 서비스 등으로 분류된다. 비즈니스와 각종 정보 공유를 위한 생산적 용도로 활용되고 있는 것이다.

SNS는 이외에도 전자우편이나 인스턴트 메신저 서비스를 통해 사용자들끼리 서로 연락할 수 있는 수단을 제공한다. SNS를 이용하면 개인의 정보를 공유하고 의사소통을 도와주는 1인 미디어, 1인 커뮤니티가 가능하다. 한국 사회도 2009년 하반기부터 스마트폰 보급이 본격화되면서 언제 어디서나 SNS에 접속할 수 있게 되자, SNS가 급속히 성장하게 되었고 이에 따라 사용자가 급증했다. 스마트폰을 이용한 SNS 사용이 늘어나면서 이동통신사들도 관련 애플리케이션을 공급하는 등 적극적으로 대응하고 있으며, 휴대전화 단말기 제조사들도 단말기에 SNS 기능을 탑재해 출시하고 있다.

하지만 역기능 또한 많아서 자칫 방심하면 크나큰 위험에 노출될 우려가 있다. 사생활과 개인정보가 너무도 자세하게 노출될 뿐만 아니라 거짓 정보가 신속하게 확산될 확률이 높다. 가상 인맥에 지나치게 집착하며, 이른바 사이버 왕따까지 생겨나고 있다. 특정 집단의 논리와 이익만을 확대 재생산할 위험성도 상존한다. 각종 범죄에 악용되고, 쉽게 저작권 침해를 당할 수가 있다. 편리성과 불편함을 함께 지니고 있는 이 SNS와 전자도구들에 대하여 일부 학자들은 칼의 양날에 비견하기도 한다. 하지만 우리가 어떤 관점과 선택을 하느냐에 따라서 그러한 전자도구들은 독이 되기도 하고, 삶에 유익한 기회를 제공하기도 할 것이다.

근래 문학인들까지 SNS를 활용하며 그들만의 삶을 소통하고 사회적 연결을 확인하는 방법으로 심적 안정감을 얻는 경우가 많아졌다. 하지만 이러한 전자언어와 그 도구가 창작인의 상상력에 얼마나 기여하고 있는지에 대해서는 그리 밝고 희망적이지 않다. 문학의 예술적 상상력은 전자언어의 강력한 긴축 및 규격화의 특성과 상호 배치되기 때문이다.

문학의 상상력은 밝고 무한한 자유로움을 기반으로 한다. 그에 비해 전자언어는 미리 설정한 기획과 방향성에 따라 일사불란하게 구획하고 정리되는 특성을 지니고 있어서 다분히 획일주의적 특성을 지닌다. 문화제국주의적 요소가 있음을 주의 깊게 관찰해야 한다. 그러므로 우리는 시인이 전자언어 그 자체만으로 시를 쓰는 것은 사실상 불행하며 불가능하다는 관점을 갖고 있다. 도구나 매체, 도서와 출판 따위는 전자시대의 편리함에 의탁한다 할지라도 예술적 상상력과 창조의 세계에서 전자언어는 그것이 지니는 특성의 한계와 제한성으로 말미암아 품격 높은 예술성으로 발전해 가기 어려운 환경과 속성을 지니고 있는 것이다. 시인은 인간의 삶을 기계적·획일적으로 장악하고 통제하는 전자시대의 이러한 특성에 대하여 오히려 비판하고 저항하는 결연한 자세를 지녀야만 할 것이다.

이런 관점에서 우리는 권순학 시인의 시 작품이 최근 보여주는 창작 가치관과 방향성에 대해서 주의 깊게 지켜볼 필요가 있다. 왜냐하면 그는 한 사람의 전기공학자로서 시를 쓰고 있기 때문이다.

3.

세상에는 온갖 직업에 종사하는 사람으로 문예 창작, 그 가운데서 특히 시 쓰기에 열정을 갖고 꾸준히 매진해 온 사람은 그리 많지 않다. 지난 30여 년 세월 속에서 우리가 만났던 시인은 거의 대부분이 교직, 출판계, 언론계에 종사하는 인사들이었다. 간혹 의사, 약사, 경찰, 사업가, 공무원으로 시를 쓰는 특이한 분들도 있었다. 개중에는 철물점, 재래시장의 닭장수, 참기름 판매상, 고철 수집상, 폐품 재활용업에 종사하는 분도 보았다. 1980년대 이후로 문학의 민중성이 강화되면서 자동차공장 노동자, 철근공, 조경업자 등의 노동자와 농민들 가운데도 시 창작에 몰두하던 분들이 있었다.

하지만 이공계에 몸담고 있는 분으로 시를 쓰겠다는 분은 만나지 못했다. 그런데 권순학 시인이 바로 그 희귀한 주인공으로 우리 앞에 나타났다. 공과대학에서 제어계측학을 전공하고, 해외 유학파로 대학원 학위과정에서 시스템과학을 전공한 뒤 공과대학의 전기공학과 교수가 되었다. 연구와 강의에 몰두하고, 과학과 문학의 조화로움을 비밀스럽게 꿈꾸어 가며 홀로 창작의 뜨거운 시간을 펼쳐 왔다. 이따금 문단의 기류와 창작 방법의 스타일을 엿보기도 하면서 수백 편의 방대한 시 작품을 축적하는 공력까지 쌓아 왔다.

공학자로서 세련된 창작 기법엔 다소 어눌할지 모르나 권 시인은 창작에 대한 오랜 경험을 이공학 체험과 조화로운 결합을 이루려는 시도를 계속하였고, 그러한 실험은 가히 눈물

겨운 것이었다. 공학도들에게 강의 시간에 현대시를 뜬금없이 강의 자료로 제시하기도 하며, 다른 공학자들의 틀에 박힌 방법과는 아주 색다른 교육 모델을 실천해 온 것이다.

나는 권순학 시인의 이런 편모에서 영국의 비평가 리처드 I. A. Richrds의 모습을 발견한다. 그는 진정한 문학의 근본 지향을 문학과 과학의 조화 속에서 모색해야 한다는 철저한 신념을 가졌기 때문이다. 수년 전 계간 『시와시학』을 통해 문단에 데뷔한 뒤 권 시인이 줄곧 실천해 가는 문학적 상상력의 구체성은 일반 시인들의 스타일과 상당히 구별되는 요소가 발견된다. 우리가 앞서 살펴본 전자시대의 허虛와 실實을 면밀히 꿰뚫어 본 뒤 그 놀라운 양상을 시의 형태로 형상화해 내며, 무엇보다도 그 솜씨가 비범한 것에 새삼 놀라움을 갖는다.

그동안 써서 모은 수백 편 작품 가운데서 가려 뽑은 첫 시집 원고를 살펴보면 현대인들이 절대적으로 의존하며 살아가는 전자시대의 시간성과 공간성에 대한 묘사와 표현이 주류를 이룬다. 전체 4부로 구성된 첫 시집은 제1부가 전자언어 및 기타 요소로 채워져 있고, 제2부는 자연테마 소재 및 묘사로 이루어졌다. 제3부는 시인 자신의 개인사와 생활 체험, 자아와 내면적 성찰로 형성되어 있다. 제4부는 현실의 모순과 부조리에 대한 냉소와 패러독스, 풍자 따위로 넘실거린다. 이 가운데서 우리는 제1부의 시 작품이 지니는 성과에 특히 주목하고자 한다.

첫 시집 『바탕화면』에는 작가의 문학적 지향과 가치관 및 방향성이 은연중에 암시되어 있다. 이른바 'C언어'의 하나인 이 어휘는 예전엔 없던 것으로 컴퓨터의 기본 화면을 가리키는 말이다. 현대인은 이 가상공간 속에서 꿈을 꾸고, 각종 문서를 작성하며 하루의 상당한 시간을 이곳에 매달려 살아간다. 만약 여러분의 컴퓨터가 당장 고장을 일으켰거나 포맷 작업 때문에 하루 온종일 기기가 없는 경우를 상상해 보라. 과연 어떤 심리적 상태에 빠지게 될까? 생활습관의 돌연한 변화에 너무도 당황한 나머지, 컴퓨터가 없는 그 시간의 공백을 감당하지 못하고 허둥거릴 것이다. 심지어 불안감마저 느끼며 정신적 아노미 상태에 빠질 것이다.

그리하여 바탕화면은 현재 우리 삶에서 얼마나 절대적 비중을 차지하는 공간인가? 바탕화면이 주는 생산성, 발전성 따위는 차치하고라도, 인간의 삶이 이 공간에 얼마나 맹목적으로 의존하며 살아왔는가? 시인은 이러한 현대인의 가련한 모습에 대하여 시 작품으로 풍자적 일침을 가한다.

하루에도
골백번 너를 찾지만
어르고 달랠수록 멀어지는 너

얼마나 굶었는지 알 수가 없어
먹긴 먹은 것 같은데
언제 먹었는지 가물가물해

—「바탕화면」 부분

권순학의 첫 시집 제1부에서 전자시대와 그것이 빚어낸 도구들은 대개 인간의 삶을 황폐하게 이끄는 부정적 사물로 인식되고 있다. 다음 인용 시 ①은 컴퓨터에서 필수적 도구인 '마우스'를 그린다. 쥐의 형상을 한 전자두뇌의 부속물에 매달려 인간이 얼마나 종속적 존재로 전락하고 있는지를 보여준다. '잡식성 괴물', '디지털 유령'이란 표현에서 우리는 그 부정적 표정을 읽게 된다. ②는 역시 컴퓨터의 필수 부품인 키보드를 오브제로 선택하였다. 이상한 문자와 기호들의 현란하고 어지러운 반복 속에서 인간이 삶의 중심을 제대로 잡아 가지 못하는 방황현실을 지적하는 것으로 보인다. 여기서 시인이 키보드를 '빨래판'에 비유하고 있는 부분이 흥미롭다. ③은 스캐너의 속성을 시적으로 뽑아내고 있다. 스캐너란 종이에 그린 그림이나 사진, 문자 따위를 읽어 컴퓨터에서 사용되는 디지털 파일(TIFF, PNG, JPEG 따위)로 전환시켜 주는 부속기기다. 이 스캐너란 전자도구에 대해서도 시인은 호흡곤란, 혹은 마치 수사관처럼 날카롭게 쏘아보는 그 표정을 썩 못마땅해 한다.

① 어둠 꿰뚫는
두 눈 질끈 감은 채
손가락 장단만으로 주먹 센 세상
당기고 밀쳐 대는
저 잡식성 괴물

홀연히 사라지는 가상假想 좇아서

네 것 내 것 가리지 않고 뒤지며
미로 찾기 즐기는
디지털 유령

—「마우스」 부분

② 누굴까,
열 손자 손녀 위해
Esc 하는 광목천왕 F1 거느리고 백팔번뇌 하는

승냥이 F2부터 낙타와 몰이꾼 F12까지 세워 두고
롤러코스터 타고 ↑↓←→ 하다
문 잠그고 +고 -고 *고 /는

활엽수림 지대 ㄹ ㅊ ㅎ
침엽수림 지대 Aa Ii Kk 에
고무락대는 곤충 ! @ $ % & * 키우는

파도치는 갯벌 3 = ₩ 앞에서
널도 그네도 타며
영어로 중국어로 통역하는

저 빨래판

—「키보드」 전문

③ 턱하니 숨까지 막는 그를
머리부터 발끝까지 차례로 뜯어본다

—「스캐너」 부분

시인은 인간의 삶을 지배하고 장악하는 컴퓨터와 그 부속 도구에 대하여 강한 심리적 저항을 느끼고 있다. 인간이 개발한 컴퓨터에 의해 인간의 시간과 공간을 근원적 혁신이 이루어지고 있지만 그러나 그 컴퓨터로 말미암아 도구에 종속된 삶을 살아가는 현대인의 비극적 현실을 비평적으로 지적하는 것이다. 다음 인용 시는 비록 컴퓨터라는 도구를 다루고 있지만 기실 인간의 세속적 욕망과 집착에 대한 경고와 비판으로 읽힌다. 이런 점에서 컴퓨터와 인간은 얼마나 유사한 비극성을 공유하고 있는가?

깨면 죽을 걱정
잠들면 살 걱정으로
영생과 영면을 오락가락하는 그대여
그러니 그 명줄
놓을 수밖에 없겠다

—「컴퓨터」부분

전자시대를 살아가는 인간의 삶은 전통적 농경시대보다 한층 황폐하고 건조한 양상을 나타내고 있다. 정서의 고갈, 인문학의 상실, 개인주의의 팽배 따위로 나타나는 전자시대의 부정적 기류 속에서 권순학 시인의 풍자와 비판은 특별한 메시지와 비평적 울림을 머금고 다가온다. 어차피 우리 앞에 놓인 컴퓨터란 도구는 결코 그 형태와 존재성이 영원하지 않다.

잠시 신기루처럼 우리 앞에 다가와 머무는 일과성一過性 사물에 불과하다. 장차 어떤 도구가 현재의 컴퓨터를 냉혹하게 밀어내고 대신하게 될지 아무도 예측하지 못한다.

전자시대의 제반 양상에 대한 시인의 냉소와 부정적 반응은 다음 시에서도 동일하게 펼쳐진다. ①은 전자우편, ②는 그 이후에 세력화된 SNS를 시 작품의 오브제로 다루고 있다. 전자우편은 인간의 내적 갈망이나 안타까움과는 무관하게 마치 봄이 되면 바람을 타고 공중에 날아다니는 씨앗처럼 무분별하게 불특정 다수를 향해 다가온다. 아무리 쌀쌀맞게 냉대하며 내가 싫어하는 표정을 지어도 그는 아랑곳하지 않는다. 그에겐 과연 생명과 감정이 있는 것인가? 우리는 그 대상을 '전자우편' 이라 부른다. 거의 무제한적으로 쏟아지는 엄청난 전자우편의 홍수 속에서 인간은 불편에 시달리고 허우적거린다. 시 ②에는 SNS의 강한 역기능을 위기로 의식하는 시인의 표정이 나타나 있다. 삶의 편리성, 신속성, 결합성을 위해 인간이 개발해 낸 전자도구들이 인간의 삶을 얼마나 불편하게 옥죄며, 고통을 주고 삶의 연결고리를 파괴하고 있는지에 대하여 시인은 이미 깨닫고 있는 것이다.

① 날개도 바람도 없고
부르지도 않는데
짙은 농무 타고
자궁 @ 박으로 홀씨가 난다

어둠조차 마다않고

수취거부 되어도
방치되다 쓰레기통에 버려져도
표정도 말도 없고
향기도 빛깔도 다 지워져
남은 것
향해 달리는 관성뿐인 그가
달려오고 있다
내게 네게

—「전자우편」 전문

② 때로는 자비를 베풀러
또 때로는 용서를 빌러 가지만
이유 없어도 찾게 되는 고향 같은 곳
잿빛 대숲 속 갈대밭 한가운데 있다

그곳 점액질 가시 잎에 앉은 누구나
구르는 초침에 부는 바람에
잡은 햇살 놓치며 뒤뚱뒤뚱하는 것이
언제라도 꺼질 것만 같다

—「SNS」 부분

시인이 파악한 세상의 속된 모습은 다음 작품에서 뚜렷하게 드러난다. 평온한 듯 보이는 저 현실은 전원이 들어가 작동하고 있는 전자레인지의 내부와 유사하다. 작은 입자들이 상호 충돌하며 불필요한 열을 발생시키고, 그것이 점차 과열 양상으로 펼쳐지며 급기야 비등沸騰의 상태에 빠져드는 것!

이것이야말로 욕망과 집착으로 아우성치며 세속적 공간에서 인간들이 살아가는 현실의 구체적 현황이 아니고 무엇이랴?

마주 본 서로 돌고 돌려
밀고 당기며 기氣 싸움 하고 있다

불꽃도 연기도 없이
부글부글 끓는 속

—「전자레인지」 부분

다이오드diode란 우리에게 그리 친숙한 단어가 아니다. 하지만 이것은 이미 우리 삶의 가장 가까운 곳에 항시 자리 잡고 있다. TV라든지 라디오, 앰프 따위의 부품으로 사용되는 반도체소자로 우리의 지척에 놓여 있지만 우리의 시야에서 가려져 있는 것이다. 전문적 해설에 따르면 다이오드는 전류를 한쪽 방향으로만 흐르게 하고 그 반대쪽 방향으로는 흐르지 못하게 하는 정류 특성을 갖는 반도체 부품을 가리킨다. 다이오드는 대개 게르마늄이나 실리콘 물질로 만든다고 한다. 이것은 자체의 정류 특성 때문에 교류를 직류로 변환시킬 때 많이 이용된다. 그런데 시인은 이 다이오드의 속성을 재치 있게 파악하면서 삶의 분별을 상실한 채 혼미한 방황 속을 헤매는 우매한 인간의 표상으로 그려 낸다.

아시나요,
극성極性이 뒤바뀌어

이승과 저승의 분간조차 어렵게 만드는
혼란한 운명의 그대

—「다이오드 · 1」 부분

4.

지금까지 우리는 전기공학자로 시 창작을 통해 정신적 조화와 균형을 꿈꾸는 권순학 시인의 삶과 표현들의 내부를 살펴보았다. 과연 시가 될 수 있을지 의구심이 드는 오브제를 선택하여 너끈히 시로 형상화해 내는 광경은 독자들에게 이채롭고 신선한 충격으로 다가온다. 이러한 그의 시편들을 통해 우리는 전자도구의 허와 실에 대한 시적 경구(警句, epigram)를 강렬하게 경험하며 불안한 인간의 미래 시간을 어렴풋이 예측한다.

권순학 시인의 진정한 문학적 포부는 과연 무엇일까?

그의 빼어난 시 「갈라진 것 수선하다」에서 하나의 실루엣과도 같은 힌트를 발견할 수 있다. 세상은 어차피 상처와 흉터로 가득하다. 인간이 살아온 최근 100여 년 안팎의 근현대사가 바로 그러한 세월이 아니었던가? 우리 민족사가 겪은 제국주의와 분단의 상처 및 흉터는 너무도 참혹하였다. 모든 한국인들이 오랜 세월 동안 상처와 흉터를 치료하기 위해 힘든 고통을 인내하며 살아왔다. 더러는 그 상처와 흉터를 이기지 못해 스스로 삶을 포기한 채 먼저 떠나간 이들도 많았다.

민주주의 정착과 확립을 위해 시련을 겪는 과정에서도 새로운 상처와 흉터는 또 얼마나 많이 발생하였던가?

이제 우리는 지난 과거사의 실책과 오류를 반성하며 새 민족사를 건설해야 하는 시점에 다다라 있다. 각계각층에 종사하는 모든 이들이 우리들 가슴속에 여전히 상처와 흉터로 아프게 기억되고 있는 요소들을 말끔히 씻어 내고 밝은 역사를 이룩해 가야 한다.

이런 단계에서 모든 갈라진 것을 수선修繕 봉합縫合하며, 원래의 하나로 통일시키려는 활동은 거룩한 민족사적 과업이 아닐 수 없다. 권순학 시인도 여기서 예외가 아니다. 그의 시 「화살, 과녁論」의 한 대목에서 보듯 '허공에 일필휘지一筆揮之하며 단호하게 날아가는 화살'의 포즈로 그의 시인적 보폭이 성큼성큼 나아가면서 좀 더 구체적이고 뚜렷한 발언으로 진화해 가기를 바란다.

시인에게 맡겨진 사회적 책임과 본연의 역할을 충직하게 깨닫고 실천하며, 건강하고 튼튼한 작품 세계로 민족사의 재건에 이바지하는 것! 이런 벅찬 광경을 우리는 권순학 시인의 다음 시집에서 기대하는 바다.

> 아물지 않는 상처, 더 큰 아픔 된 흉터
> 해태가 바라보는 굽은 길 따라
> 바닷속 깊이 묻고 있다
> 그들 모두 떠나 바다가 하나 되면
> 아물지 않는 지난 상처들
> 바다를 뜨는 태양처럼

바람에 못 이긴 척 툭 떨어지리라
더 큰 아픔 되는 지난 흉터들
모래에 새긴 무늬처럼
파도에 못 이긴 척 슬며시 지워지리라
떨어진 상처도 지워진 흉터도
바다 한가운데 줄 선 개미들처럼
갈라진 것 수선하리라

—「갈라진 것 수선하다 · 1」 부분

시인 권순학權純學

대전 출생으로 서울대학교 공과대학 제어계측공학과 및 동대학원을 졸업하고 일본 동경공업대학 대학원에서 공학박사 학위를 받았다.
2012년 계간『시와시학』으로 등단했으며,
현재 영남대학교 전기공학과 교수로 재직 중이다.

E-mail : knowkwon@gmail.com

바탕화면

지은이 | 권순학
펴낸이 | 김재돈
펴낸곳 | 도서출판 시와시학
1판1쇄 | 2014년 3월 6일
1판2쇄 | 2014년 12월 1일
출판등록 | 2010년 8월 10일
등록번호 | 제2010-000036호
주소 | 서울 종로구 명륜동1가 42
전화 | 744-0110
FAX | 3672-2674
값 8,000원

ISBN 978-89-94889-69-6 03810